선포(명령)기도문

평강의 주님께서 친히

때마다 일마다

평강을 주시기를 기도하며

특별히 ___________님께

이 소중한 책을 드립니다.

선포(명령)기도문

말(소리)은 하나님이 들으시고 마귀도 듣는다

하나님은 들으시고 응답과 복을 주시고
마귀는 듣고 놀라서 떨며 도망간다
그러므로 마음을 다해 기도하는 마음으로
읽으며 선포하라!

매일 매일
놀라운 하나님의 능력이
개인의 삶과 가족과 가정에
충만히 임할 것이다

기도하고
기다리면
기적이 일어납니다

인천순복음교회 담임
최성규 목사

우리 교회는 기도하는 교회입니다.

매일 저녁 1시간씩 기도하는 성령충만기도회, 101성경통독특별새벽기도회, 일천번제특별새벽기도회, 삼천번제특별새벽기도회, 어머니기도회 등 1년 12달 365일 기도합니다. 기도하고 기다리면 기적이 일어난다는 믿음으로 기도로 시작해서 기도로 하루를 마칩니다. 교회가 시작된 이래 단 하루도 기도의 불길이 꺼진 적이 없습니다.

그 속에서 열심히 기도한 사람이 김경란 전도
사입니다.

김경란 전도사는 기도의 사람입니다. 기도에 대
해 배우기를 멈추지 않습니다. 기도의 현장에
서 낙타 무릎입니다. 새벽기도, 밤기도, 중보기
도, 금식기도, 작정기도 등 성도들과 함께 기도
의 자리를 지킵니다. 기도의 책을 내기에 충분
한 자격이 있는 기도의 용사입니다.

세상에 기도에 관한 책은 많습니다.

기도를 가르치는 책도 많습니다. 기도를 통해
어떤 기적을 누렸는지 간증하는 책도 많습니다.
정작 기도 그 자체를 보여주고, 함께 기도하는
책은 적습니다. 그런데 본서는 기도하는 책입니
다. 언제 어디서든 본서를 열고 읽으면 그 자체

로 기도입니다.

이 책은 간결하면서도 강력한 기도문입니다.
한 손에는 성경, 한 손에는 이 책을 들어보십시오. 보다 나은 기도 생활이 열립니다. 하나님의 임재와 능력을 깊이 경험합니다. 기도의 날개를 달고 더 깊은 기도 세계로 들어갑니다. 기도에 대해 아는 것을 넘어 기도의 사람이 되기를 원하는 성도들과 목회자들에게 이 책을 기쁨으로 추천합니다.

이 책을 추천하며-
최성규 목사

"마귀를 대적하라 그리하면 너희를 피하리라"고 말씀하셨습니다.

많은 그리스도인들이 눈에 보이지 않는 사단과 악한 영들과의 전쟁에서 무참히 공격을 당하는 것을 보게 됩니다. 우리가 매일 씻고 먹고 옷을 입듯이 매일 대적의 공격으로부터 유비무환의 자세를 갖추어 자신을 보호하고 무장하는 기도를 하며 악한 영들의 공격에 대적할 공격무기도 잘 갖추어 날마다 순간마다 영적싸움에서 이겨야 합니다.

소리내어 믿음으로 선포하며 기도할 때 하나님께서 들으시고 귀에 들린 대로 역사하십니다.

예수 그리스도의 놀라운 이름의 권세와 능력을 사용하여 명령과 선포기도를 할 때 하나님의 놀라운 임재와 보호와 능력과 축복과 변화를 경험하게 될 것입니다.

이 책은 기도의 어려움을 가지거나, 기도생활에 활력을 얻기를 원하거나, 응답을 받지 못해 낙심하거나,
포기하고 싶거나, 하나님의 임재와 능력을 경험하기 원하는 가족, 친척, 이웃들과 모든 그리스도인들에게 실제적이고 효력있는 기도의 도구가 될 것입니다.

바쁜 현대생활 속에서 간단명료하게 중요한 기도와 꼭 필요한 기도를 정하여 믿음으로 소리

내어 읽으면 강력한 능력기도가 되는 '선포(명령)기도문'으로 성령의 나타나심과 하나님의 예비하신 축복을 경험하며 누릴 수 있기를 기대합니다. 또한 이 작은 책을 통해 기도하는 모든 이들에게 기도의 불길이 더욱 크게 타오르며 삶과 사역가운데서 하나님의 능력이 드러나기를 기도하며 주님만이 영광을 받으시길 소망합니다.

끝으로 추천의 글을 써주신 존경하는 최성규 목사님과 이 책이 나오기까지 수고해 주신 나침반출판사의 김용호 대표님께 감사의 마음을 전합니다.

영적전쟁에서 늘 승리하길 기도하며–
김경란

"너는 그(하나님)에게 기도하겠고
그(하나님)는 들으실 것이며....
네가 무엇을 결정(선포)하면 이루어질 것이요
네 길에 빛이 비치리라"(욥기 22장 27,28절).

"우리가 하나님의 말씀을 인용해 선포하면

이는 마치 하나님이 천지를 창조할 때

해와 달과 별을 향해 있으라는 것 같은

천지창조의 능력이 있다.

우리의 혀에는 천지를 창조하는 것과 같은

창조의 능력이 있다."

— 찰스 캡 —

차 례

하나님의 임재를 사모하는 기도!

하나님 아버지!

이 시간 나에게 거룩하신 영으로

충만히 임하소서.

천지만물을 창조하신 아버지 하나님!

나에게 생명을 주시고

호흡하게 하시니 감사합니다.

특히 아버지와 교제케 하시니 감사합니다.

아버지의 조건 없는 큰 사랑에

푹 빠져 들기를 원합니다.

지금도 살아계신 아버지!

사모합니다!

구하라 그리하면 너희에게 주실 것이요 찾으라

그리하면 찾아낼 것이요 문을 두드리라

그리하면 너희에게 열릴 것이니

구하는 이마다 받을 것이요 찾는 이는

찾아낼 것이요 두드리는 이에게는

열릴 것이니라

너희 중에 누가 아들이 떡을 달라 하는데

돌을 주며 생선을 달라 하는데

뱀을 줄 사람이 있겠느냐

너희가 악한 자라도 좋은 것으로

자식에게 줄 줄 알거든 하물며

하늘에 계신 너희 아버지께서 구하는 자에게

좋은 것으로 주시지 않겠느냐

(마태복음 7:7-11)

예수님의 보혈을 의지하는 기도!

나의 영혼을
주님의 십자가로 구속하시고
날마다 주님의 보혈의 능력을 의지함으로
나의 모든 죄와 허물을
대속하여 주시니 감사합니다.

무의식적으로 의식적으로
생각, 마음, 눈, 귀로 입술로 손과 발로,
행동으로 지은 모든 죄와 허물을
예수님의 보혈로 깨끗케 하소서.

너희 죄가 주홍같이 붉을찌라도
흰 눈보다 양털보다 더 희게 하시겠다고
약속하시니 감사합니다.

너는 내게 부르짖으라

내가 네게 응답하겠고 네가 알지 못하는

크고 은밀한 일을 네게 보이리라

(예레미야 33:3)

성령의 기름부으심을 갈망하는 기도!

성령 하나님이시여!

당신을 갈망합니다.

인정합니다!

환영합니다!

모셔 들입니다!

믿고 의지합니다!

지금 이 시간

나의 생각과 감정과 마음과 정신과 의지위에

거룩하신 성령님! 기름부으소서.

당신만으로 채워주소서!

나의 영 혼 육은

오직 성령님의 지배 받기를 원합니다

성령님 사랑합니다!

찬양합니다! 더욱 더 갈망합니다!

나사렛 예수 그리스도의 이름으로

나의 (　　　)에

예수님의 이름의 권세와 능력과

보호하심을 주장하노라!

예수님의 피, 성령의 불담, 하나님의 영광의

빛으로 보호막을 치노라!

☞ (　　)안에 해당 단어를 넣어서 기도하십시오.

- 무의식의 본능과 감정과 정서
- 의식의 자아와 초자아
- 생각과 마음과 정신과 의지
- 언어와 태도, 행동과 습관
- 영 혼 육
- 우리 가정의 재산과 재물 위에
- 재능과 은사 · 사업장
- 직장 · 교회 · 나라 · 사명 · 직분 직임 · 기타

"죽은 사람을 살리는 일은 특별한 기적에 속한
다. 신약성경에 보면 죽은 자를 살린 경우가
다섯 번 나오는데, 예수님이 세 번, 베드로와
바울이 각각 한 번씩 이다.
그런데 다섯 번 모두 선포하는 기도였다.
이것은 높은 차원의 기도일수록 간구보다는 선
포였음을 보여준다.

....그러므로 우리는 하나님께 무엇을 해달라고
말하지 말고, 하나님의 권세를 사용해서 어떤
일이 이루어지도록 명령(선포)해야 한다."
– 피터 와그너

나사렛 예수 그리스도의 이름으로

나의 허리에 진리의 띠를 띠고

가슴에 의의 호심경을 붙이고

발에 평안의 복음으로 예비한 신을 신고

머리에 구원의 투구를 쓰고

믿음의 방패와 성령의 검을 취하고

머리서부터 발끝까지

하나님의 말씀으로 전신갑주를 입으라!

약한 것은 강하게 될지어다!

어두운 면은 밝아질지어다!

구멍난 곳은 성령의 능력으로 채워질지어다!

다시 한 번 머리서부터 발끝까지

예수의 피, 불, 빛으로 보호막을 치노라!

3. 금지 명령기도

오늘 **나**의 삶 전체 위에 (   )은
나사렛 예수 그리스도의 이름으로
너의 출입을 금지하노라!

☞ (   )안에 해당 단어를 넣어서 기도하십시오.

거역 · 어리석음 · 미련함 · 무지함 · 무관심 · 포기 · 나태함 · 영적게으름 · 게으름 · 신경과민 · 피해의식(성적학대) · 파괴심리 · 저주 · 부정적 대물림 · 불안 · 불평 · 원망 · 불만족 · 불행 · 낙심 · 염려 · 짜증 · 소외감 · 조롱 · 추궁 · 비교 · 우울 · 슬픔 · 모함 · 책망 · 분노 · 혈기 · 경직된 마음 · 이기심 · 질투심 · 시기심 · 비교 · 탐심 · 욕심 · 함정 · 좌절감 · 열등감 · 조급함 · 의기소침 · 착각 · 오해 · 미혹 · 야욕 · 협박 · 맞불 · 푸념 · 헐뜯기 · 협박 · 반발심 · 고정관념 · 강박관념 · 자기고집 · 자기연민 · 자기비하 · 자기방어 · 자기의 · 조정 · 무례함 · 무시 · 수치심 · 부정직 · 무기력함 · 정서

불안 · 분주함 · 산만함 · 초조 · 불의함 · 부정적자아상 · 무책임 · 결벽증 · 불성실 · 비난 · 비판 · 험담 · 비방 · 다툼 · 분쟁 · 쟁투 · 도피 · 책임전가 · 사고 · 재앙 · 집착 · 인색함 · 교활함 · 참지못하는 마음 · 쓸데없는 말 · 악한 말 · 위선적인 말 · 아첨하는 말 · 속이는 말 · 환심사려는 말 · 불쾌한 말 · 기만하는 말 · 부정적인 말 · 상처주는 말 · 더러운 말 · 부정적인 생각 · 타협(불의한) · 기타

지금 나의 삶을 훼방하고 흠집나게 하는
(   )의 영!
나를 위해 십자가에서 죽으시고 부활하신,
그리고 다시 오실 나사렛 예수 그리스도의
이름으로 너를 대적하노라!
예수님의 이름으로 너를 엄히 꾸짖고
명하노니 묶임을 받고 떠나갈지어다!

나의 무의식의 본능과 감정과 정서에서
떠나가라!
의식의 자아와 초자아에서 떠나가라!
생각과 마음과 정신에서,
입술과 몸에서 지금 즉시 떠나갈지어다!

나는 하나님의 자녀의 권세를 가졌노라!
예수님의 이름의 권세를 주장하노라!

나사렛 예수 그리스도의 이름으로 명한다!
(   )의 영은 결박을 받고

내가 하는 모든 일에서 지금 즉시

손을 떼고 멈출지어다!

너 나왔던 음부 속으로 추방될지어다!

저주받은 악한 영, 원수 마귀야!

너 (   )의 영!

너의 모든 계획은 수포로 돌아갈지어다!

너 (   )의 영! 너의 모든 계획을

예수 그리스도의 이름으로 다 파쇄하노라!

나와 우리가족에게 다시는

해를 끼치지 못하도록

너의 권세와 힘을 예수님의 이름으로

끊노라! 초토화될지어다! 무력화될지어다!

네가 **나**에게 돌아오는 것을 금지하노라!

너의 모든 계획은

예수님의 십자가와 부활로

이미 다 파쇄 되었음을 선포하노라!

할렐루야!

모든 악한 영들·어둠의 세상주관자·어둠·불안·공포·위협·두려움·근심·불신·거짓·조종(이세벨)·거만·불손종·거역·불평·불만족·무지·의심·혼돈·판단·정죄·슬픔·다툼·간사·분쟁·거절·미움·낙심·우울·고립(대인기피증)·수치심·죄책감·자살(자기증오)·시기·질투·중상모략·분열·파괴(대인관계)·분노·이기심·앙심·고소·비꼬는·참소·울분·참지못하는·살인(낙태)·죽음·목석·다중인격·용납불허·정욕·허영·방탕·불의한·용서않는·게으른·나태한·가난·낭비(황충)·중독(술, 담배, 도박, 쇼핑, 연애, 음란, 인터넷)·유혹 (불의와 타협, 자신의 유익과 편리함)·육신의 정욕·안목의 정욕·이생의 자랑·집착·복수·한탄·억울·지배·거치레·강요하는·반항·성장거부·권위에 대적·기타 예수님은 병든 사람들과 귀신들린 사람들에게, 그 하나님의 권위로 명령하고, 선포하여, 질병들을 고치시고, 귀신들을 내어 쫓으셨다.

●마태복음9:6-7 중풍병자에게 "일어나 네 침상을 가지고 집으로 가라" 하시니 그가 일어나 집으로 돌아가거늘….

●마가복음3:5 손마른사람에게 이르시되 "네 손을 내밀라"하시니 그가 내밀매 그 손이 회복되었더라

●요한복음5:8-9 베데스다 연못가에 누워있던 38년 된 병자에게 "일어나 네 자리를 들고 걸어가라"하시니 그 사람이 곧 나아서 자리를 들고 걸어가니라

●누가복음17:12-14 문둥병자 열명에게 "가

서 제사장들에게 너희 몸을 보이라” 하셨더
니 저희가 가다가 깨끗함을 받은지라

● 마가복음 9:25-27 귀신들려 고통받는 아이
에게 “벙어리되고 귀먹은 귀신아 내가 네게
명하노니 그 아이에게서 나오고 다시 들어
가지 말라” 하시니, 귀신이 소리 지르며 아
이로 심히 경련을 일으키게 하고 나가니 그
아이가 죽은 것 같이 되어 많은 사람이 말하
기를 죽었다 하나 예수께서 그 손을 잡아 일
으키시니 이에 일어서니라

예수님께서는 죄와 사망과 어둠의 권세를
모두 물리치신 분이시다. 이 물리침은, 예수
님을 믿는 사람들에게도 똑같이 이루어진
다. 이것은 주님께서 우리에게 하신 약속이
기 때문이다.

지금 **나**의 신체와 정신과 마음에

연약함을 주고

비정상적으로 활동을 하는 (   )병마야!

내가 나사렛 예수 그리스도의 이름으로

엄히 꾸짖고 명하노니

묶임을 받고

내 몸과 정신과 마음에서 떠나갈지어다!

나사렛 예수 그리스도의 이름으로 명하노니

(   )병마야!

너의 힘을 박멸하노라!

너의 모든 힘을 무력화시키노라!

더러운 질병을 가져다주는

저주받은 귀신아!

나는 너를 거부하노라! 너를 거절하노라!

너는 **나**의 몸과 정신과 마음을

주장하지 못한다!

나는 하나님의 자녀의 권세를 가졌노라!

예수님의 이름의 권세를 주장하노라!

나의 몸과 정신과 마음에 들어온

병균과 바이러스는 지금 즉시 죽을지어다!

내 몸과 정신과 마음에서

완전히 제거될지어다!

영원히 사라질지어다! 막힌 것은 뚫어져라!

뭉친 것은 풀릴지어다!

눌린 것은 주 예수 그리스도의 이름으로

자유함을 입을지어다!

신체의 연약한 모든 부위는 강해져라!

신체와 정신과 마음에 이상을 주는

스트레스는 다~ 물러가라!

신체와 정신과 마음의 모든 기능은
정상적으로 작동하라!
예수님의 이름으로 명하노라!
예수님께서 채찍에 맞음으로
나는 나음을 입었노라!
예수 그리스도의 이름으로
나는 깨끗이 나음을 입었음을 선포하노라!
예수님의 보혈의 능력으로
나의 몸은 나쁜 병균을 이길
건강한 면역체가 더 많이 생성되고
강화될지어다!
몸의 자생력이 더욱 더 강화될지어다!
나는 예수님의 보혈의 능력으로
건강해졌다!
나는 나음을 입었다! 할렐루야!
감사합니다!

☞ (   )안에 해당 단어를 넣어서 기도하십시오.

뇌신경마비 · 뇌졸증 · 뇌경색 · 뇌종양 · 뇌수막염 · 뇌하수 · 대상포진 · 악성뇌종양 · 신경마비 · 소뇌위축증 · 자율신경실조증 · 신경성질환 · 기억상실(치매) · 혈액순환 장애 · 폭식 · 거식증 · 우울증 · 조울증 · 신경질 · 노이로제 · 난폭함 · 불면증 · 공포장애 · 공황장애 · 화병 · 고소공포증 · 만성피로증후군 · 파킨스씨병 · 탈모 · 눈의 시신경 · 백내장 · 녹내장 · 코질환 · 충녹증 · 코비대증 · 코염증 · 입술이 마름 · 혀암 · 잇몸질환 · 어지럼증 · 난청 · 이명 · 귀 머거리 · 중이염 · 귓병 · 갑상선 · 목 디스크 · 어깨걸림 · 오십견 · 몸의 악취 · 척추뼈 · 심장병 · 위장병 · 위암 · 신장병 · 간염 · 간경화 · 간암 · 장폐대증 · 폐병 · 폐암 · 결핵 · 담석증 · 대장암 · 소장암 · 고혈압 · 고지혈증 · 동맥경화 · 당뇨 · 방광염 · 방광암 · 조루증 · 자궁암 · 생리불순 · 항문암 · 치질 · 치루 · 허리디스크 · 관절염 · 무릎관절염 · 좌골신경통 · 골다공증 · 손가락관절 · 발가락관절 · 피부병 · 아토피 · 근육무력증 · 근육마비 · 혈관막힘 · 나쁜세포 · 뼈 관절 · 발다닥통증 · 발뒷꼼치 · 발등의 뼈들 · 교통사고 후유증 · 삶의 스트레스를 주는 요인들 · 불임 · 척추측막증 · 기타

오늘 나의 삶 전체 위에

우리 주 예수 그리스도로 말미암아

(   )이 충만할지어다!

충만할 지어다! 충만할 지어다!

(   )이 충만함을 선포하노라!

할렐루야!

☞ (   )안에 해당 단어를 넣어서 기도하십시오.

믿음 · 꿈 · 비젼 · 사랑 · 소망 · 관심 · 애정 · 평안 · 행복 · 자존감 · 자부심 · 자긍심 · 자신감 · 용기 · 긍정적인 말 · 믿음의 말 · 소망의 말 · 사랑의 말 · 축복의 말 · 희망의 말 · 감사의 말 · 진실의 말 · 위로의 말 · 격려의 말 · 칭찬의 말 · 인정의 말 · 긍정적인 생각 · 긍정적인 마음 · 긍정적인 태도 · 긍정적자아상 · 하나님말씀에 순복 · 사단을 대적함 · 하나님의 온갖지혜 · 하나님의 온갖지식 · 영적충만함 · 영혼의 성장과 정화 · 영감 · 영성 · 영력 · 영적 부유함 · 영분별 · 우선순위 · 옳은 선택 · 통찰력 · 자기통제능력 · 경건의 능력 · 기도의 능력 · 묵상의 능력 · 하나님을 경외함 · 하나님의 음성 민감 · 항상 기뻐하는 능력 · 절제의 능력 · 감사의 능력 · 용서의 능력 · 화평의 능력 · 겸손의 능력 · 모사의 능력 · 경청의 능력(직관적경청) · 소통의 능력(이해와 공감) · 자기부인의 능력 · 배려심 · 하나님의 특별한 은혜와 은총 관용 · 친근감 · 우호감 · 인내 · 끈기 · 나눔 · 정직 · 책임감 · 성실함 · 협동성 · 자주성 · 리더쉽 · 신뢰감 · 집중력 · 포용력 · 친절함 · 순결함 · 거룩함 · 좋은 습관 · 순조로움 · 성령의 열매 · 의의열매 · 유머감각 · 만남의 복 · 이해력 · 응용력 · 표현력 · 판단력 · 어휘력 · 논리력 · 지구력 · 언어영력 · 총명함 · 기억력 · 암기력 · 창의력 · 수리력 · 탐구력 · 발산력 · 유창성 · 착상력 · 구상력 · 상상력 · 독창성 · 분별력 · 부모 존중, 공경 · 원만한 성격 · 순수하고 긍정적인 동기 · 준법성 · 신경에 좋은 전달물질 증가 (세로토닌, 엔돌핀, 다이돌핀) · 이삭의 순종과 축복(30배, 60배, 100배) · 물질의 풍성한 축복 · 욥의 갑절 축복 · 임신 · 출산 · 기타

최근에 40여년동안 암에 대하여 연구해 오
던 의사가 발견한 중요한 사실이 있다.
"암은 건강한 사람에게도 음성적으로 존재
하지만 몸에 이상이 오거나 약해지게 될 때
암은 양성으로 나타나며 자라나게 된다.
아주 작은 모세혈관들이 암세포로 집중되고
암세포에 연결된 혈관들은 혈액을 통해 암
세포에 영양분을 공급하게 된다."
이렇게 자신의 세포를 온 몸으로 퍼트리기
시작하면 인체는 혈액을 통해 연약한 장기
와 기관들로 세력을 확대하게 된다.

이것을 알게 된 의사는 이 방식을 역이용해
치료제를 개발하고 임상 실험을 통해 암을
정복하기 위해 노력하면서 다음과 같이 말
했다.

“저는 그 사실을 들으면서 선포의 권세를 이 것에 적용해 보기로 했습니다.

암세포를 향해 집중되어 있는 모세혈관과 암세포가 있는 자신의 장기와 내부 기관을 형상화 즉 그림을 그려서 자세한 모양을 앞에 놓고 눈으로 직접 확인 할 수 있을 만큼 자세한 묘사를 한 후 그 암덩어리로 연결된 많은 모세혈관을 향해 하나씩 하나씩 선포하며 암과 연결된 피의 흐름을 끊고 말라버릴 것을 명령(선포)하는 것입니다.

그와 동시에 하나님의 말씀을 인용해 그 모세혈관이 끊어져야할 것에 대한 하늘의 권세로 함께 선포해야합니다.

성경말씀과 자신에게 있는 하나님이 주신 권세를 사용하는 것입니다.”

7. 자기관리 능력기도

(1) 영성을 위한 기도

- 제가 하나님 아버지를
  삶의 최우선 순위로 삼고
  주일을 온전히 성수하며 신앙의
  주도권을 빼앗기지 않게 하옵소서.
- 회개의 능력이 충만하여 매일 순간마다
  자신의 눈의 들보를 주님의 보혈로 씻고
  정결케 하옵소서.
- 경건의 능력이 충만하여 주야로
  주님의 말씀을 묵상하며 삶 속에서
  주님과 동행케 하옵소서.
- 기도의 능력으로 훈련되어 언제나 주님과
  친밀한 교제가운데 살아가게 하옵소서.

- 감사의 능력이 탁월하여 범사에 하나님을
  인정하며 어떠한 상황 가운데서도
  원망 불평하지 않고 만족하며 자족하고
  믿음으로 감사, 찾아 감사, 입술에 감사의
  열매가 흘러넘치는 감사짱이 되게
  하옵소서.

- 기쁨의 능력이 충만하여 무겁고 얽매이기
  쉬운 짐을 예수님의 발 앞에 내려놓고
  즐겁게 살게 하옵소서.

- 영적 통찰력으로 상황판단이 뛰어나게
  하시고 분명한 비젼과 목표를 갖고
  주님의 뜻을 이루며 살게 하옵소서.

- 하나님을 경외하고
  주님을 더욱 사랑하며 하나님께
  사랑받게 하옵소서.

(2) 인성을 위한 기도

▣ 인간의 무의식 세계의 본능 기도

나사렛 예수 그리스도의 이름으로 명하노니
태아 때 부터 지금까지 **나**의 필요를
충분히 채움 받지 못하여 생긴
욕구 불만, 불만족은
이 시간 예수 그리스도의 이름으로
명하노니 완전히 제거될지어다!
너의 모든 근원지를 성령의 불로 태우노라!

나의 무의식 세계의 본능에
예수님의 이름의 권세와 능력과 보호하심을
주장하노라!
예수의 피, 불, 빛으로 보호막을 치노라!

이 시간부터 나의 무의식 세계의 본능에
식욕은 지나치지도 말고 모자라지도 않게
적절히 충족될지어다!

이 시간부터 나의 무의식 세계의 본능에
배설욕이 무엇에도 지장 받지 말고
막힘없이 잘 배출되어
매일 장이 상쾌할지어다!

이 시간부터 나의 무의식 세계의 본능 위에
애정욕이 적절히 충족될지어다!
그러므로 만족감으로 인하여
더욱 부지런하며
책임감있는 하나님의 사람으로
변화되고 성장될지어다!

■ 인간의 무의식 세계의 감정 기도

나사렛 예수 그리스도의 이름으로 명하노니
태아 때부터 지금까지 사람들의
입술의 말로 인하여
나의 무의식 세계 속에 자리 잡은
부정적인 기억과 상처들, 감정이 상하고
억압받고 눌리고 불쾌하고 나쁜 감정으로
인하여 생긴, 감정의 쓴뿌리와 독초는
예수 그리스도의 이름으로 명하노니
뿌리채 뽑히고 완전히 제거될지어다!
너의 모든 근거지를 성령의 불로 태우노라!
나의 무의식 세계 속에서
영원히 추방될지어다! 예수님의 이름으로!
나의 무의식의 감정에
예수님의 이름의 권세와

능력과 보호하심을 주장하노라!

예수의 피, 불, 빛으로 보호막을 치노라!

이 시간부터 **나**의 무의식 세계의 감정은

순수하고 긍정적이며 창조적인 감정으로

변화될지어다! 치유될지어다!

자유함을 입을지어다!

하나님의 형상이 회복될지어다!

성령님의 충만한 기름부으심으로

상처입은 **나**의 상한 감정을

온전히 치유하시며 기름부으소서!

동기가 순수하며 긍정적이 될지어다!

다시한번 **나**의 무의식 세계의 감정 위에

예수님의 이름의 권세와 능력과 보호하심을

주장하고 예수의 피, 불, 빛으로

보호막을 치노라!

■ 인간의 무의식 세계의 정서 기도

나사렛 예수 그리스도의 이름으로
태아 때부터 지금까지 사람들의 불쾌한
스킨십, 접촉, 기분 나쁜 시선, 표정, 행동
혹은 사물을 통하여 느낀 기분 나쁜 영상들,
소리들, 충격적인 사건 등으로 인하여 받은
나의 무의식 세계 속의 정서에 끼친 불안과
공포, 두려움, 무서운 인식들로 태도가
산만하고 부자연스럽고
현실감각이 무디어진 것은
이 시간 예수 그리스도의 이름으로
명하노니 완전히 삭제될지어다!
뿌리채 뽑히고 완전히 제거될지어다!
너의 모든 근거지를 성령의 불로 태우노라!

나의 무의식 세계의 정서 위에
예수님의 이름의 권세와 능력과 보호하심을
주장하노라!
예수의 피, 불, 빛으로 보호막을 치노라
이 시간부터 나의 무의식 세계의 정서는
안정감을 얻고 정서가 매우 풍부한 사람이
될지어다!

그러므로 태도가 긍정적이며
하나님께 대한 집중력이 뛰어나며
학습의 집중력도 탁월할지어다!
하나님의 창조의 형상을 회복할지어다!
다시한번 나의 무의식의 정서 위에
예수님의 이름의 권세와 능력과 보호하심을
주장하노라!
예수의 피, 불, 빛으로 보호막을 치노라!

■ 인간의 의식의 자아와 초자아 기도

나사렛 예수 그리스도의 이름으로 명하노니
태아 때부터 지금까지 가정의 환경과 교육 등
부모님과 어른들의 잘못된 언행으로
나의 의식에 부정적인 영향을 준
나의 부모님과 어른들, 스승, 선후배,
친구들을 예수님의 이름으로 용서하노라!
예수님의 이름으로 축복하노라!

지금까지 **내**가 받은 잘못된 교육방법과
나쁜 영향력들로 인하여
부정적으로 인식되고 각인된 모든 것을
예수 그리스도의 이름으로 끊노라!
부정적인 통로를 예수이름으로 차단하노라!
예수의 피를 뿌리고 축복으로 채우노라!

이제 나의 의식에 자아와 초자아는
그리스도 예수 안에서 생명의 성령 법으로
새롭게 되었음을 선포하노라!

나의 의식에 자아와 초자아 위에
예수님의 이름의 권세와 능력과 보호하심을
주장하노라!
예수의 피, 불, 빛으로 보호막을 치노라!

이 시간부터 **나**의 의식에 자아와 초자아는
융통성있으며 사람들과 마찰없이 수용하고
이해하며 공감함으로 화목을 이루어내는
능력이 뛰어날지어다!

사람을 의지하지 않고 스스로 해결 하는
주도적 능력이 뛰어날지어다!

준법 정신이 뛰어나며
나와 견해가 다른 사람들을 용납하며
관용하는 포용력이 충만할지어다!

공동체 안에서 부드럽고 따뜻한 카리스마로
선한 영향력을 끼치는 리더쉽을
발휘하게 될지어다!

다시한번 나의 의식의 자아와 초자아 위에
예수님의 이름의 권세와 능력과 보호하심을
주장하노라!
예수의 피, 불, 빛으로 보호막을 치노라!

■ 인성의 아름다운 열매 기도

나의 인성은 성령의 열매로
좋은 습관, 멋진 성격, 아름다운 인격체로
변화되어 훌륭한 인성을 갖춘
하나님의 사람이 될지어다!
사랑의 열매가 충만할지어다!
희락의 열매가 충만할지어다!
화평의 열매가 충만할지어다!
인내의 열매가 충만할지어다!
자비의 열매가 충만할지어다!
양선의 열매가 충만할지어다!
충성의 열매가 충만할지어다!
온유의 열매가 충만할지어다!
절제의 열매가 충만할지어다!
성령의 열매가 주렁주렁 열릴지어다!

"저는 태어날 때부터 오장 육보가 다 약하
게 태어나 병원에서는 특별한 병명없이 신
경성대장염, 신경성위장병, 심장이 많이 안
좋아서 한 번씩 찌르는 듯한 통증이 있다는
것...등 해결책 없는 여러 병명을 가지고 살
아온 사람입니다
 쓸개까지 좋지 않다는 판정을 받으며 한 번
씩 약을 먹고 그렇게 삼 십 삼년을 살다가 주
님을 만났습니다.
주님을 만난 지 얼마 되지 않아서 예수이름
의 권세에 대해 알게 되었고 선포기도를 알
게 되어 열심히 선포하면서 살았습니다. 그
리고 그것을 믿었습니다. 현상을 믿지 않고
말씀을 믿었습니다
 그렇게 지나면서 제 몸이 점점 건강해 진 것
을 알게 되었고 지금은 늘 아픈 것 때문에 걱

정하시던 부모님께서 놀랄 정도로 완치되어 밤에 야식을 먹고 자도 속이 편할 만큼 일반 사람들보다 더 건강해 졌습니다. 그래서 부모님께서도 정말 하나님이 우리 딸을 치료하셨다고 하면서 교회에 나가십니다”

“몸이 굳어가는 병에 걸린 여고생에게 어떤 목사님께서 그 처방전에 적힌 병명을 취소하는 선포기도를 하셨는데, 그 학생이 목발을 두고 집에 가게 되어 그녀의 불신자 아버지께서 교회에 와서 감사하다며 울면서 하나님을 찬양했는데, 그 학생이 이번에 수능을 지루고 합격되었답니다. 그때 예수님이름의 권세가 얼마나 대단한지를 더 알게 되었습니다.”

■ 뇌사고 체계를 위한 기도

예수 그리스도의 이름으로 명하노니,
나의 뇌 사고체계에 부정적인 시냅스
(뇌신경세포)는 완전히 제거 될지어다!
긍정적인 시냅스가 더 많이 생성되고
증가되어 긍정적인 시냅스로 변화될지어다!
전환될지어다! 교정될지어다!

나의 뇌 사고체계는
긍정적, 적극적, 창조적이 될지어다!
뇌 사고 체계 전체 위에 예수님의 이름의
권세와 능력과 보호하심을 주장하노라.
예수님의 피,불, 빛으로 보호박을 치노라!

◼ 뇌신경을 위한 기도

예수 그리스도의 이름으로 명하노니
나의 뇌신경의 중추신경
(전두엽-앞이마부분-사고의 총사령관)의
끊어진 곳은 다시 합쳐지고,
막힌 곳은 뚫어지며,
파손된 곳은 회복되고
비정상적인 부분은 즉시 정상으로
치유되고 회복될지어다!

예수님의 이름으로 명하노니
나의 뇌신경의 운동신경(척주부분
신경계통) 피손된 부위는
즉시 정상으로 치유되고 회복될지어다!

예수 그리스도의 이름으로 명하노니,
나의 뇌신경의 운동신경(오장육부-
심장, 간장, 위장, 대장, 폐)의 파손된 부위는
즉시 정상으로 치유되고 회복될 지어다!

나의 뇌신경의 말초신경(손, 발)은
모든 기능이 정상적으로 치유되고
회복될 지어다!

뇌신경 전체 위에
예수님의 이름의 권세와 능력과
보호하심을 주장하노라!
예수님의 피,불,빛으로 보호막을 치노라!

■ 뇌세포를 위한 기도

예수 그리스도의 이름으로 명하노니
나의 150억개 이상의 뇌세포 중에서
죽은 세포는 완전히 제거될지어다!
추방될지어다!

하늘과 땅의 모든 권세를 가지신
예수 그리스도의 이름 명하노니
하나님의 영광을 위하여
잠자는 뇌세포는 모두 다 깨어날지어다!
너의 모든 기능을 최대한 발휘할지어다!
활발히 가동될지어다!
정상적으로 작동될지어다!

예수님의 이름으로 명하노니

나의 우뇌의 EQ(감성)

감성지수는 활발히 작동될지어다!

나의 좌뇌의 IQ(지성)

지성지수는 활발히 작동될지어다!

나의 우뇌와 좌뇌 사이에 있는 SQ(창의력)

창의지수는 활발히 작동될지어다!

얕은 수면상태에서의

세타파로 영감이 뛰어나게 될지어다!

무한한 상상력과 독창성 문이 활짝 열릴지어다!

나의 감성, 지성, 창의성 전체 위에

예수 그리스도의 권세와 능력과

보호하심을 주장하노라!

예수님의 피, 불, 빛으로 보호막을 치노라!

■ 지성의 기능들을 위한 기도

예수 그리스도의 이름으로 명하노니,

나의 지성의 기능들은

더욱 개발될지어다!

더욱 확장될지어다!

(   )이 뛰어날지어다!

탁월할지어다!

충만할지어다!

풍부할지어다!

☞ (   )안에 해당 단어를 넣어서 기도하십시오.

탐구력 · 판단력 · 사고력 · 수리력 · 창의력 · 공간
지각력 · 언어영력 · 이해력 · 응용력 · 어휘력 · 논
리력 · 표현력 · 발표력 · 기억력 · 분별력 · 암기
력 · 지구력 · 집중력 · 기타

■ 성령의 7가지 영

예수 그리스도의 이름으로 명하노니,
나의 지성은 (   )으로 충만할지어다!

지식의 영 · 명철의 영 · 총명의 영 · 재능의 영
모사의 영 · 하나님을 경외하는 영 · 지혜의 영

나의 지성을 활짝 열어
하나님의 지혜와 지식으로
충만히 채워주소서!
나의 지성 전체 위에
예수님의 이름의 권세와 능력과
보호하심을 주장하노라!
예수의 피, 불, 빛으로 보호막을 치노라!

(4) 창의성을 위한 기도

예수 그리스도의 이름으로 **내**게 명하노라!
●선입견을 버리고 긍정적 수용의 자세로
　사고의 폭이 넓어질지어다!
　확산적 사고의 무한한 잠재력이
　그 위력을 발휘할지어다!
●강박관념을 버리고 자신감을 갖고
　부드럽게 이어가는 논리적 사고력이
　뛰어날지어다!
●편견과 편애 없이 상황에 맞게
　문제의 핵심을 파악하는
　집중적 사고력이 뛰어날지어다!
　균형적 사고 능력이 증가될지어다!
●문제의 유사성을 연관시키고
　필요한 곳에 적절히 배치, 조합할 수 있는

감지능력과 구상능력이 탁월할지어다!
혹 잘못되었다고 판단되면
돌이킬 수 있는 유연함도 있을지어다!
● 주님의 말씀 속에서
상상력이 풍부하여 창조적이며
긍정적으로 사고하는 능력이
뛰어날지어다!
● 고정관념을 버리고 발상의 전환으로
독특하고 기묘한 아이디어가 뛰어나며
자기한계를 뛰어넘는
용기와 자신감이 충만할지어다!
● 더 멀리보며, 더 크게 생각하고,
정보는 더 빠르게 듣고, 더 공정하게
사고하는 통찰력이 뛰어날지어다!

(5)신체의 강건함을 위한 기도

예수 그리스도의 이름으로 **내**게 명하노라!
● 하나님이 주신 몸을 감사하며
  만족할지어다.
● 몸에 있는 성장판이 잘 작동되어
  키가 무럭무럭 자랄지어다.
● 몸의 저항력이 강하여 나쁜 세균들을
  다 이길 수 있고
  몸에 건강한 면역기능이
  더 많이 생성되고
  증가되어 건강하고
  균형 잡힌 몸으로 성장할지어다.
● 음식물을 섭취할 때 몸에 불필요한
  노폐물, 방부제 등은 몸에 축적되지 말고
  잘 배출되며,

몸에 유익한 성분들은 잘 흡수되어
몸이 건강할지어다!

●멋지고 아름다운 외모로 하나님께
영광 돌릴지어다.

●육신의 정욕대로 사람을 구하지 않고
순조로운 만남의 복으로
하나님이 예비하신 배우자를
만나게 될지어다.

●배우자는 물론 본인도 몸이
하나님의 거룩한 성전임을 알고 순결을
지키며 날마다 주님의 보혈로
정결케 될지어다.

●날마다 독수리 같은 새 힘이 공급되어져
이 땅에서 살아가는 동안
피곤치 않게 될지어다.

●주님의 강한 능력의 팔로 모든 위험과

악한 상황으로부터 지켜 보호되며
머리털 하나도 상함이 없을지어다.
● 이 시간 머리부터 발끝까지
오장육부, 관절, 골수, 신경, 근육, 조직,
혈관, 세포 하나 하나에 십자가 보혈의
능력이 온 몸에 흐를지어다.

어떤 목사님이 섬에 말씀을 전하러 가기 위해 배를 타야했다. 비가 오기 때문에 혹시 늦을까봐 서울에서 일찌감치 출발하였고, 오후 2시가 지나서 대천여객터미널에 도착하였다. 비는 멈췄지만 하늘은 여전히 비구름으로 차 있었고 바람이 세게 불었다. 바다를 보니 파도가 일고 있었다.

결국 오후3시 30분에 출항하기로 한 배가 결항되었다. 그런 상황이면 오후4시 배도 마찬가지일 가능성이 높다는 말을 듣고, 즉시 아내와 담임목사를 위한 중보기도팀 리더에게 상황을 알리면서 기도를 부탁했다.

잠시 후 목사님에게 답문자가 왔는데, 문자의 내용은 얼핏 보면 무척 건방져 보일 수 있는 내용이었다.

"예수 이름으로 명하노니 파도야 잠잠 할지

어다.”

“성령님께서 목사님의 입술을 주장하시고 나오는 모든 말씀이 다 성취될지어다.”

그러나 목사님는 자연스럽게 그 문자를 받아들였다. 예수 이름의 권세를 가진 사람들은 그 이름을 힘입어 선포할 수 있는 권세가 있기 때문이다. 목사님 역시 예수 이름으로 선포하는 기도를 하고 있고 그런 기도는 목회자만이 아닌 모든 그리스도인들이 할 수 있는 기도라고 믿기 때문이다.

놀라운 일이 발생하였습니다. 선포하는 메시지를 받은 지 10분도 되지 않아서 해가 고개를 내밀었다. 바람이 잠잠해졌다. 배가 출항한다는 이야기를 듣게 되었다.

그날 밤 섬에서는 큰 은혜의 집회가 열렸다.

(6) 사회성을 위한 기도

예수 그리스도의 이름으로 내게 명하노라!

● 지혜로운 하나님의 사람이 될지어다.

● 긍정적 자아상으로

  자신의 존재가치를 깨달아

  범사에 자신감과 용기로

  변화를 두려워 않고 잘 극복할지어다.

● 자신의 장점을 발견하여

  개발하고 발전시키므로, 자기 분야에서

  전문가, 프로, 달인이 될지어다.

● 일생동안 좋은 사람을 만나게 됨으로

  삶에 행복한 에너지가 흐르게 될지어다.

● 삶과 신앙의 본이 되는

  전문성있는 멘토를 만남으로

  복을 받을뿐 아니라

자신도 누군가의 훌륭한 멘토가
될 수 있는 능력이 부여될지어다.

●무슨 일을 하여도 불평하지 않고
충분히 감당할 능력과
적응력이 임할지어다.

●하나님이 세우신 권위를 인정하며
권위자들에게 순복하는 마음을 갖고
자신의 권위도 바르게 사용할지어다.

●욕심과 이기심을 버리고 사랑과 나눔,
구제와 봉사로 예수사랑 실천의
사람이 될지어다

●탁월한 리더쉽으로 공동체 속에서
어디서나 환영받는 리더로 세움 받아서
신한 영항력을 끼지는
하나님의 사람이 될지어다.

●유머감각이 뛰어남으로

밝고 활력이 넘쳐
자신과 주위에 생기가 흐를지어다.

● 자기통제 능력이 뛰어남으로
스스로 조절하며 통제하여
시간을 잘 관리하며 삶에서 실수를
막아 승리케 될지어다.

● 실패에 굴복하지 않고 오히려 실패를
디딤돌로 삼아 다시 일어나는 용기와
실패를 새로운 도전의 기회로
삼는 사람이 될지어다.

(7) 인간관계를 위한 기도

예수 그리스도의 이름으로 **내**게 명하노라!
● 겸손의 능력이 탁월하여

남을 나보다 낮게 여기는 마음으로

섬김의 도를 실천할지어다
● 경청의 능력이 뛰어나서

상대의 말의 의미가 무엇인지 잘 듣고,

상대가 하고 싶은 말이 무엇인지,

또한 말하지 못하는 감추어진 마음의 말과

감정의 말 까지도 알아듣는

직관적 경청의 능력이 뛰어날지어다.
● 혀와 입술에 지혜가 임함으로

뛰어난 대화의 능력으로

대인관계가 원만하며 형통케 될지어다.
● 대화 할 때 개방적인 말, 나 중심 말(I 메시지),

감사의 말, 생명의 말, 긍정의 말,
축복의 말로 상대에게 진실하며
우호적인 언어표현을 사용할지어다.

● 사람들의 존재가치를 인정하는 말,
단점이 많아도 장점을 찾아 칭찬하는 말,
삶의 어려움을 만난 이들에게
용기와 소망과 희망을 주는
위로와 격려의 말을 사용할지어다.

● 소통의 능력이 탁월하여
남녀노소, 빈부귀천, 세대차이를 뛰어넘어
유쾌하고, 상쾌하고, 통쾌하게
소통을 이룰지어다.

● 용서의 능력이 뛰어나서 하나님 아버지의
조건없는 사랑과 넓은 포용력으로
이웃 사랑, 하나됨의 역사를 이룰지어다.

● 영적 순발력이 탁월하여 인생의 먹구름,
비바람과 같은 위기를 만날 때
위기대처 능력이 뛰어날지어다.

● 빛되신 주님의 영광스런 빛이
나의 삶에 둘러져서 내가 죄악 된 길로
가지 않고 악인이 나에게 오는 길을
영원히 찾지 못하게 원수의 눈과 귀를
완전히 막노라!
저들에게 예수의 피를 뿌리고
성령의 줄로 꽁꽁 묶어
성령의 불로 태우노라!

⑻ 물질의 축복위한 기도

예수 그리스도의 이름으로 **내**게 명하노라!
- 하나님은 **나**의 목자시니
  나는 부족함이 없음을 선포하노라.
  주님께 즐거이 드림으로 물질의 복이
  임할지어다.
- 예수님이 가난하게 되심으로
  그의 가난함을 인하여
  내가 부요케 됨을 선포하노라
- 적게 심지 않고, 많이 심고
  많이 거두게 될지어다.
- **내**가 주는 자가 되어 주님께서 후히 되어
  누르고 흔들어 넘치도록 **나**에게
  도로 안겨 주시는 복이 임할지어다.
- **나**의 하나님이 그리스도 예수로 인하여

영광 가운데 그의 풍성한 대로

나의 모든 쓸 것에 차고 넘치는 복이

임할지어다.

●과도히 아끼지 않고 흩어 구제하여

더욱 부하게 되는 은혜와 복으로

꾸어주고 나눠 주는 복이 임할지어다.

●예수님으로 **내**가 생명을 얻고

더 풍성한 복으로 충만함을 선포하노라.

●하나님이 **나**에게 모든 은혜와 은총을

넘치게 하시니

나는 모든 일에 항상 모든 것이 넉넉하여

모든 착한 일을 넘치게 할 복이

나에게 충만히 임할지어다.

●**내**가 종일토록 은혜를 베풀고 꾸어 주니

나의 자손에게 복이 임할지어다

(9) 말씀으로 기도

- 긍휼에 풍성하신 하나님이
  나를 사랑하신 그 큰 사랑을 인하여 허물로
  죽은 **나**를 그리스도와 함께 살리셨고
  또 함께 일으키사
  그리스도 예수 안에서 함께
  하늘에 앉게 하실 것을 인하여
  감사드립니다.

- "두려워 말라" 하신 하나님!
  "놀라지 말라" 하신 하나님!
  "굳세게 하시고, 도와주신다" 하신 하나님!
  나와 함께 하시고
  나의 하나님이 되시고,
  의로운 오른손으로 **나**를 붙들리라
  약속하시니 감사드립니다.

● 하나님이 예수님께 하셨듯이
  나에게도 성령과 능력을 기름 붓듯 하시며
  내가 두루 다니며 착한 일 을 행하고
  마귀에게 눌린 모든 자를 고치게 하시니
  이같이 하나님이 나와 함께 하시는
  증거로 인하여 감사드립니다.

● 하나님이 나에게 지식을 얻게 하시며
  모든 학문과 재주에 명철하게 하시고
  모든 이상과 몽조를 깨달아 알게 하시니
  감사드립니다.

● 하나님의 평강이 나의 마음을
  주장하게 하시니 감사드립니다.

"남편을 술 취하게 하는 악한 영을 내보내 달라는 선포기도를 받았는데, 이런 뒤 남편은 술 취하지 않았다. 주님은 내가 진정으로 남편의 악한 영에 대해 애통해 함을 보시고 도와 주셨다고본다 내 경험상 기도받는 사람의 믿음이 절대적인 것 같다. 그냥 단순 무식하게 믿어야 된다. 어린 아이와도 같은 맡김이 있을 때 주님께서 손잡아 주신다. 대신하는 기도도 응답해주시는 주님이시니 당사자의 간절한 기도가 있을 때는 더욱 더 응답해주시리라 믿는다."

"우리가 기도하는 곳에 가다가 점치는 귀신
들린 여종 하나를 만나니 점으로 그 주인들
에게 큰 이익을 주는 자라 그가 바울과 우리
를 따라와 소리 질러 이르되 이 사람들은 지
극히 높은 하나님의 종으로서 구원의 길을
너희에게 전하는 자라 하며 이같이 여러 날
을 하는지라 바울이 심히 괴로워하여 돌이
켜 그 귀신에게 이르되 예수 그리스도의 이
름으로 내가 네게 명하노니 그에게서 나오
라 하니 귀신이 즉시 나오니라"
(사도행전 16:16-18)

8. 성경말씀으로 축복기도

■ 시편의 축복기도(시편 1편)

복있는 **나**는

악인들의 꾀를 따르지 아니하며

죄인들의 길에 서지 아니하며

오만한 자들의 자리에 앉지 아니하며

오직 하나님의 율법을 즐거워하여

그의 율법을 주야로 묵상하는 자로다

나는 시냇가에 심은 나무가 철을 따라

열매를 맺으며 그 잎사귀가

마르지 아니함 같으니

내가 하는 모든 일이

다 형통하리로다

■ 시편의 축복기도(시편 23편)

하나님은 나의 목자시니
내가 부족함이 없으리로다
하나님이 나를 푸른 풀밭에 누이시며
쉴만한 물 가로 인도하시는도다.

나의 영혼을 소생시키시고
자기이름을 위하여 의의 길로 인도하시고
내가 사망의 음침한 골짜기로 다닐지라도
해를 두려워하지 않을 것은
주님께서 나와 함께 하심이라

주의 지팡이아 막대기가
나를 안위하시나이다
주님께서 나의 원수의 목전에서

나에게 상을 차려 주시고
기름을 나의 머리에 부으셨으니
나의 잔이 넘치나이다

나의 평생에 선하심과 인자하심이
반드시 나를 따르리니
내가 하나님의 집에 영원히 살리라.

■ 시편의 축복기도(시편 121편)

산을 향하여 눈을 들리라
나의 도움이 어디서 올까
나의 도움은
천지를 지으신 하나님에게서로다

하나님께서 나를 실족하지 않게 하시며
나를 지키시는 하나님은 졸지도 아니하시고
주무시지도 아니하시리로다
하나님은 나를 지키시는 분

하나님께서 나의 오른쪽에서
나의 그늘이 되시나니
낮의 해가 나를 상치 아니하며
밤의 달도 나를 해치지 아니하리로다

하나님께서 나를 지켜
모든 환난을 면하게 하시며
또 나의 영혼을 지키시리로다

하나님께서 나의 출입을
지금부터 영원까지 지키시리로다.

■ 모세의 축복기도(신명기 28장)

하나님이 **나**를 세계 모든 민족 위에

뛰어나게 하시며 성읍에서도 복을 받고

들에서도 복을 받게 하시며

나의 몸의 소생과 **나**의 토지의 소산과

나의 짐승의 새끼와 소와 양의 새끼가

복을 받게 하시며, **나**의 광주리와

떡 반죽 그릇이 복을 받게 하시고, 들어와도

복을 받고 나가도 복을 받게 하옵소서

나를 대적하기 위해 일어난 적군들은

나의 앞에서 패하게 하시고

나를 치려 늘어왔으나

나의 앞에서 일곱 길로 도망하게 하옵소서.

하나님이 **나**의 창고와

나의 손으로 하는 모든 일에 복을 내리시고

나의 하나님께서 **나**에게 주시는 땅에서

나에게 복을 주시며, 하나님이

나의 몸의 소생과 육축의 새끼와

토지의 소산으로 많게 하시며

하나님이 **나**를 위하여 하늘의

아름다운 보고를 여시사

나의 땅에 때를 따라 비를 내리시고

나의 손으로 하는 모든 일에

복을 주시며, **내**가 많은 민족에게 꾸어

줄지라도 **나**는 꾸지 아니할 것이요

머리가 되고 꼬리가 되지 않게 하시며

위에만 있고 아래에 있지 않게 하옵소서.

하나님!

나에게 복을 주시고

나를 지켜 주옵소서.

하나님!

그 얼굴을 **나**에게 비추사

은혜 베풀어 주옵소서.

하나님!

그 얼굴을 **나**에게 향하여 드사

평강 주옵소서.

■야베스의 축복기도(역대상 4장10절)

하나님께서

나의 인생에

복에 복을 더하사

나의 지역을 넓히시고

주의 손으로

나를 도우사

나로 환난을 벗어나

근심이 없게 하시고

나의 인생이 평강을 누리게 하옵소서.

약속의 말씀

●요11:41 – "아버지여 내 말을 들으신 것을 감사하나이다"

●시50:23 – "감사로 제사를 드리는 자가 하나님을 영화롭게 하나니 그 행위를 옳게 하는 자에게 하나님의 구원을 보이리라"

●시편8:1 – "여호와 우리 주여 주의 이름이 온 땅에 어찌 그리 아름다운지요 주의 영광이 하늘을 덮었나이다"

●시편24:8-10 – "영광의 왕이 누구시냐 강하고 능한 여호와시요 전쟁에 능한 여호와시로다 문들아 너희 머리를 들지어다 영원한 문들아 들릴지어다 영광의 왕이 들어 가시리로다 영광의 왕이 누구시냐 만군의 여호와께서 곧 영광의 왕이시로다"

● 사1:18 – "여호와께서 말씀하시되 오라 우리가 서로 변론하자 너희 죄가 주홍 같을지라도 눈과 같이 희어질 것이요 진홍 같이 붉을지라도 양털 같이 희게 되리라"

● 요1서1:9 – "만일 우리가 우리 죄를 자백하면 그는 미쁘시고 의로우사 우리 죄를 사하시며 우리를 모든 불의에서 깨끗하게 하실 것이요"

● 마6:14-15 – "너희가 사람의 잘못을 용서하면 너희 하늘 아버지께서도 너희 잘못을 용서하시려니와 너희가 사람의 잘못을 용서하지 아니하면 너희 아버지께서도 너희 잘못을 용서하지 아니하시리라"

● 잠28:13 – "자기의 죄를 숨기는 자는 형통하지 못하나 죄를 자복하고 버리는 자는 불

쌓히 여김을 받으리라”

성령

●요14:26 - “보혜사 곧 아버지께서 내 이름
으로 보내실 성령 그가 너희에게 모든 것을
가르치고 내가 너희에게 말한 모든 것을 생
각나게 하리라”

●요16:13 - “진리의 성령이 오시면 그가 너
희를 모든 진리 가운데로 인도하시리니 그
가 스스로 말하지 않고 오직 들은 것을 말하
며 장래 일을 너희에게 알리시리라”

●행4:31 - “빌기를 다하매 모인 곳이 진동
하더니 무리가 다 성령이 충만하여 담대히
하나님의 말씀을 전하니라”

● **사41:10** – "두려워 하지 말라 내가 너와 함께 함이라 놀라지 말라 나는 네 하나님이 됨이라 내가 너를 굳세게 하리라 참으로 너를 도와주리라 참으로 나의 의로운 오른손으로 너를 붙들리라

● **롬8:38-39** – "내가 확신하노니 사망이나 생명이나 천사들이나 권세자들이나 현재 일이나 장래 일이나 능력이나 높음이나 깊음이나 다른 어떤 피조물이라도 우리를 우리 주 그리스도 예수 안에 있는 하나님의 사랑에서 끊을 수 없으리라"

● **사43:1-3** – "...내가 너를 구속하였고 내가 너를 지명하여 불렀나니 너는 내 것이라 네가 물 가운데로 지날 때에 내가 너와 함께 할 것이라 강을 건널 때에 물이 너를 침몰하

지 못할 것이며 네가 불 가운데로 지날 때에 타지도 아니할 것이요 불꽃이 너를 사르지도 못하리니 대저 나는 여호와 네 하나님이요"

무장

●엡6:10-13 – "끝으로 너희가 주 안에서와 그 힘의 능력으로 강건하여지고 마귀의 간계를 능히 대적하기 위하여 하나님의 전신 갑주를 입으라 우리의 씨름은 혈과 육을 상대하는 것이 아니요 통치자들과 권세들과 이 어둠의 세상 주관자들과 하늘에 있는 악의 영들을 상대함이라 그러므로 하나님의 전신 갑주를 취하라 이는 악한 날에 너희가 능히 대적하고 모든 일을 행한 후에 서기 위함이라"

- 엡6:14-18 – "그런즉 서서 진리로 너희 허리 띠를 띠고 의의 호심경을 붙이고 평안의 복음이 준비한 것으로 신을 신고 모든 것 위에 믿음의 방패를 가지고 이로써 능히 악한 자의 모든 불화살을 소멸하고 구원의 투구와 성령의 검 곧 하나님의 말씀을 가지라 모든 기도와 간구를 하되 항상 성령 안에서 기도하고 이를 위하여 깨어 구하기를 항상 힘쓰며 여러 성도를 위하여 구하라"

금지와 대적

- 약4:7 – "하나님께 복종할지어다 마귀를 대적하라 그리하면 너희를 피하리라"
- 요1:12 – "영접하는 자 곧 그 이름을 믿는 자들에게는 하나님의 자녀가 되는 권세를 주셨으니"

● 요10:28-29 – "내가 그들에게 영생을 주노니 영원히 멸망하지 아니할 것이요 또 그들을 내 손에서 빼앗을 자가 없느니라 내 아버지는 만물보다 크시매 아무도 아버지 손에서 빼앗을 수 없느니라"

● 마16:19 – "내가 천국 열쇠를 네게 주리니 네가 땅에서 무엇이든지 매면 하늘에서도 매일 것이요 네가 땅에서 무엇이든지 풀면 하늘에서도 풀리리라"

● 시편18:39-40 – "주께서 나를 전쟁하게 하려고 능력으로 내게 띠띠우사 일어나 나를 치는 자들이 내게 굴복하게 하셨나이다 또 주께서 내 원수들에게 등을 내게로 향하세 하시고 나를 미워하는 자들을 내가 끊어 버리게 하셨나이다"

치유와 축복

● 시편103:3-5 - "그가 네 모든 죄악을 사하
시며 네 모든 병을 고치시며 네 생명을 파멸
에서 속량하시고 인자와 긍휼로 관을 씌우
시며 좋은 것으로 네 소원을 만족하게 하사
네 청춘을 독수리 같이 새롭게 하시는도다"

● 벧전2:9 - "너희는 택하신 족속이요 왕 같
은 제사장들이요 거룩한 나라요 그의 소유
가 된 백성이니 이는 너희를 어두운 데서 불
러 내어 그의 기이한 빛에 들어가게 하신 이
의 아름다운 덕을 선포하게 하려 하심이라"

● 행10:38 - "하나님이 나사렛 예수에게 성
령과 능력을 기름 붓듯 하셨으매 그가 두루
다니시며 착한 일을 행하시고 마귀에게 눌
린 모든 사람을 고치셨으니
이는 하나님이 함께 하셨음이라"

●**롬8:18** – "생각 하건대 현재의 고난은 장차 우리에게 나타날 영광과 족히 비교할 수 없도다"

●**약5:14** – "너희 중에 병든 자가 있느냐 그는 교회의 장로들을 청할 것이요 그들은 주의 이름으로 기름을 바르며 그를 위하여 기도할지니라"

●**약5:15** – "믿음의 기도는 병든 자를 구원하리니 주께서 그를 일으키시리라 혹시 죄를 범하였을지라도 사하심을 받으리라"

●**막11:24** – "그러므로 내가 너희에게 말하노니 무엇이든지 기도하고 구하는 것은 받은 줄로 믿으라 그리하면 너희에게 그대로 되리라"

●**갈6:6-7** – "무엇으로 심든지 심은 대로 거두리라"

- 요8:32 – "진리를 알지니 진리가 너희를 자유롭게 하리라"

- 골4:2 – "기도를 계속하고 기도에 감사함으로 깨어 있으라"
- 눅2:40 – "아기가 자라며 강하여지고 지혜가 충만하며 하나님의 은혜가 그의 위에 있더라"
- 딤전4:8 – "경건은 범사에 유익하니라"
- 살전5:16–18 – "항상 기뻐하라 쉬지말고 기도하라 범사에 감사하라 이것이 그리스도 예수 안에서 너희를 향하신 하나님의 뜻이니라"
- 롬8:13 – "너희가 육신대로 살면 반드시 죽을 것이로되 영으로써 몸의 행실을 죽이

면 살리니"

●히13:16 – "오직 선을 행함과 서로 나누어 주기를 잊지 말라 하나님은 이같은 제사를 기뻐하시느니라"

●사40:8 – "풀은 마르고 꽃은 시드나 우리 하나님의 말씀은 영원히 서리라 하라"

인성

●갈5:22-23 – "오직 성령의 열매는 사랑과 희락과 화평과 오래 참음과 자비와 양선과 충성과 온유와 절제니 이같은 것을 금지할 법이 없느니라"

●갈2:20 – "내가 그리스도와 함께 십자가에 못 박혔나니 그런즉 이제는 내가 사는 것이 아니요 오직 내 안에 그리스도께서 사신 것이라 이제 내가 육체 가운데 사는 것은 나

를 사랑하사 나를 위하여 자기 자신을 버리
신 하나님의 아들을 믿는 믿음 안에서 사는
것이라”

● 롬12:10-11 – “형제를 사랑하여 서로 우애
하고 존경하기를 서로 먼저하며 부지런하여
게으르지 말고 열심을 품고 주를 섬기라”

● 롬12:9 – “사랑에는 거짓이 없나니 악을
미워하고 선에 속하라”

● 딤전5:4 – “만일 어떤 과부에게 자녀나
손자들이 있거든 그들로 먼저 자기 집에서
효를 행하여 부모에게 보답하기를 배우게
하라 이것이 하나님 앞에 받으실 만한 것이
니라”

지성과 창의성

● 약1:5 – “너희 중에 누구든지 지혜가 부족

하거든 모든 사람에게 후히 주시고 꾸짖지
아니하시는 하나님께 구하라 그리하면 주시
리라"

●눅2:52 – "예수는 지혜와 키가 자라가며
하나님과 사람에게 더욱 사랑스러워 가시더
라"

●잠1:7 – "여호와를 경외하는 것이 지식의
근본이거늘 미련한 자는 지혜와 훈계를 멸
시하느니라"

●잠2:6 – "그는 정직한 자를 위하여 완전한
지혜를 예비하시며 행실이 온전한 자에게
방패가 되시나니"

●잠3:7 – "스스로 지혜롭게 여기지 말지어
다 여호와를 경외하며 악을 떠날지어다"

●잠3:11 – "내 아들아 여호와의 징계를 경
히 여기지 말라 그 꾸지람을 싫어하지 말라"

●잠3:15 – "지혜는 진주보다 귀하니 네가
사모하는 모든 것으로도 이에 비교할 수 없
도다"

●잠3:18 – "지혜는 그 얻은 자에게 생명 나
무라 지혜를 가진 자는 복되도다"

●잠3:35 – "지혜로운 자는 영광을 기업으
로 받거니와"

●잠4:23 – "모든 지킬 만한 것 중에 더욱 네
마음을 지키라 생명의 근원이 이에서 남이
니라"

●단1:17 – "하나님이 이 네 소년에게 학문을
주시고 모든 서적을 깨닫게 하시고 지혜를
주셨으니 다니엘은 또 모든 환상과 꿈을 깨
달아 알더라"

●사50:4 – "주 여호와께서 학자들의 혀를
내게 주사 나로 곤고한 자를 말로 어떻게 도

와 줄 줄을 알게 하시고 아침마다 깨우치시
되 나의 귀를 깨우치사 학자들 같이 알아듣
게 하시도다"

신체 건강

●고전10:31 – "그런즉 너희가 먹든지 마시
든지 무엇을 하든지 다 하나님의 영광을 위
하여 하라"

●고전6:19–20 – "너희 몸은 너희가 하나님
께로부터 받은 바 너희 가운데 계신 성령의
전인 줄을 알지 못하느냐 너희는 너희 자신
의 것이 아니라 값으로 산 것이 되엇으니 그
런즉 너희 몸으로 하나님께 영광을 돌리라"

●눅2:52 – "예수는 지혜와 키가 자라가며
하나님과 사람에게 더욱 사랑스러워 가시더
라"

● 시편139:13-14 - "주께서 내 내장을 지으시며 나의 모태에서 나를 만드셨나이다 내가 주께 감사하옴은 나를 지으심이 심히 기묘하심이라 주께서 하시는 일이 기이함을 내 영혼이 잘 아나이다"

● 창1:30 - "내가 모든 푸른 풀을 먹을 거리로 주노라"

사회성

● 벧전3:8-9 -"마지막으로 말하노니 너희가 다 마음을 같이하여 동정하며 형제를 사랑하며 불쌍히 여기며 겸손하며 악을 악으로 욕을 욕으로 갚지 말고 도리어 복을 빌라 이를 위하여 너희가 부르심을 받았으니 이는 복을 이어받게 하려 하심이라"

● 롬13:1-2 - "각 사람은 위에 있는 권세들

에게 복종하라 권세는 하나님으로부터 나지 않음이 없나니 모든 권세는 다 하나님께서 정하신 바라 그러므로 권세를 거스르는 자는 하나님의 명을 거스름이니 거스르는 자들은 심판을 자취하리라"

● **롬12:12-13** – "소망 중에 즐거워하며 환난 중에 참으며 기도에 항상 힘쓰며 성도들의 쓸 것을 공급하며 손 대접하기를 힘쓰라"

● **롬12:14** – "너희를 박해하는 자를 축복하라 축복하고 저주하지 말라"

● **롬12:15** – "즐거워하는 자들과 함께 즐거워하고 우는 자들과 함께 울라"

● **롬12:17** – "아무에게도 악을 악으로 갚지 말고 모든 사람 앞에서 선한 일을 도모하라"

● **롬12:18** – "할 수 있거든 너희로서는 모든 사람과 더불어 화목하라"

● **롬12:20** – "원수가 주리거든 먹이고 목마르거든 마시게 하라 그리함으로 네가 숯불을 그 머리에 쌓아 놓으리라"

● **롬12:21** – "악에게 지지 말고 선으로 악을 이기라"

● **롬14:1** - "믿음이 연약한 자를 너희가 받되 그의 의견을 비판하지 말라"

● **롬15:2** – "우리 각 사람이 이웃을 기쁘게 하되 선을 이루고 덕을 세우도록 할지니라"

● **레19:32** – "너는 센 머리 앞에서 일어서고 노인의 얼굴을 공경하며 네 하나님을 경외하라 나는 여호와이니라"

인간 관계성

● **잠6:2** – "네 입의 말로 네가 얽혔으며 네 입의 말로 인하여 네가 잡히게 되었느니라"

● 잠10:11 – "의인의 입은 생명의 샘이라도 악인의 입은 독을 머금었느니라"

● 잠13:2 – "입의 열매로 인하여 복록을 누리거니와"

● 잠15:23 – "사람은 그 입의 대답으로 말미암아 기쁨을 얻나니 때에 맞는 말이 얼마나 아름다운고"

● 잠25:11 – "경우에 합당한 말은 아로새긴 은쟁반에 금사과니라"

● 잠25:15 – "부드러운 혀는 뼈를 꺾느니라"

● 잠18:21 – "죽고 사는 것이 혀의 권세에 달렸나니 혀를 쓰기를 좋아하는 자는 혀의 열매를 먹으리라"

● 고후5:18 – "모든 것이 하나님께로 났나니 저가 그리스도로 말미암아 우리를 자기와 화목하게 하시고 또 우리에게 화목하게 하

는 직책을 주셨으니"

물질

- 마6:19–21 – "너희를 위하여 보물을 땅에 쌓아 두지 말라 거기는 좀과 동록이 해하며 도둑이 구멍을 뚫고 도둑질하느니라 오직 너희를 위하여 보물을 하늘에 쌓아 두라 거기는 좀이나 동록이 해하지 못하며 도둑이 구멍을 뚫지도 못하고 도둑질도 못하느니라 네 보물있는 그 곳에는 네 마음도 있느니라"

- 요15:7 – "너희가 내 안에 거하고 내 말이 너희 안에 거하면 무엇이든지 원하는 대로 구하라 그리하면 이루리라"

- 말3:10–12 – "만군의 여호와가 이르노라 너희의 온전한 십일조를 창고에 들여 나의 집에 양식이 있게 하고 그것으로 나를 시험

하여 내가 하늘 문을 열고 너희에게 복을 쌓을 곳이 없도록 붓지 아니하나 보라

만군의 여호와가 이르노라 내가 너희를 위하여 메뚜기를 금하여 너희 토지 소산을 먹어 없애지 못하게 하며 너희 밭의 포도나무 열매가 기한 전에 떨어지지 않게 하리니 너희 땅이 아름다워지므로 모든 이방인들이 너희를 복되다 하리라 만군의 여호와의 말이니라"

● 요10:10 – "도둑이 온 것은 도둑질하고 죽이고 멸망시키려는 것 뿐이요 내가 온 것은 양으로 생명을 얻게 하고 더 풍성히 얻게 하려는 것이라"

● 요16:24 – "지금까지는 너희가 내 이름으로 아무것도 구하지 아니하였으나 구하라 그리하면 받으리니 너희 기쁨이 충만하리라"

- 잠언11:24–25 –"흩어 구제하여도 더욱 부하게 되는 일이 있나니 과도히 아껴도 가난하게 될 뿐이니라
구제를 좋아하는 자는 풍족하여 질것이요 남을 윤택하게 하는 자는 윤택하여지리라"
- 눅6:38 –"주라 그리하면 너희에게 줄 것이니 곧 후히 되어 누르고 흔들어 넘치도록 하여 너희에게 안겨 주리라 너희의 헤아리는 그 헤아림으로 너희도 헤아림을 도로 받을 것이니라"

위로와 능력

- 시27:1 – "여호와는 나의 빛이요 나의 구원이시니 내가 누구를 두려워하리요 여호와는 내 생명의 능력이시니 내가 누구를 무서워하리요"

●빌4:13 - "내게 능력 주시는 자 안에서 내가 모든 것을 할 수 있느니라"

●골1:10-11 - "모든 선한 일에 열매를 맺게 하시며 하나님을 아는 것에 자라게 하시고 그의 영광의 힘을 따라 모든 능력으로 능하게 하시며 기쁨으로 모든 견딤과 오래 참음에 이르게 하시고"

●골1:13-14 - "그가 우리를 흑암의 권세에서 건져내사 그의 사랑의 아들의 나라로 옮기셨으니 그 아들 안에서 우리가 속량 곧 죄 사함을 얻었도다"

●롬16:20 - "평강의 하나님이 속히 사단을 너희 발 아래서 상하게 하시리라"

- "믿음의 선포가 기적을 가져온다"
- 조용기 목사
- "기도는 언어로 얻을 수 있는 최고의 성취이다" - 퍼스취
- "기도는 하나님의 고막을 울리는 소리이다" - 이 엠 바운즈
- "하나님은 반드시 기도에 응답하시는 분이시다" - 요한 웨슬리
- "기도는 하나님의 보고를 여는 열쇠이다" - R.A 토레이
- "기도란 그리스도의 능력을 붙잡는 손이다." - 죠지 뮬러
- "기도는 곧 능력이다" - 피너 디네커
- "기도는 하나님으로 하여금 일하게 하신다" - 이 엠 바운즈

● "기도는 우리의 매일의 일과이며 습관이며 사명이다" - 스펄죤

● "기도는 영적생명의 맥박이다"
- 앤드류 머레이

● "기도는 하나님의 심정에 이르게 하는 것이다" - 테일러

● "기도는 영혼의 방패요, 사단을 향한 채찍이다" - 죤 번연

● "적을 물리칠 수 있는 그리스도인의 최강의 무기는 기도이다" - 어드맨

● "사단은 기도없는 우리 노력을 비웃고, 기도없는 지혜를 경멸한다. 그러나 우리가 기도할 때 가장 두려워한다." - 사무엘 차드렉

● "하나님 사녀는 기도로 모든 것을 정복 할 수 있다. 사탄이 교인들에게서 이 무기를 빼앗거나 그것의 사용을 제지 하려고 최선을

다하는 것은 이상한 일이 아니다"

\- 앤드류 머레이

● "무릎을 꿇고 싸우는 십자가의 군병은 승리 할수 있다" - 빅톨 위고

● "기도가 안되고 기도하고 싶지 않는 순간이야말로 바로 기도해야 하는 순간이다"

\- R.A 토레이

● "나는 어려울 때마다 무릎을 꿇고 기도한다" - 에이브러헴 링컨

● "삶의 어려운 일을 만나 막다른 골목에 다다랐을 때 온전히 기도에 매달려라" - 맥런

● "천사는 베드로를 감옥에서 나오게 했지만, 천사를 나오게 한 것은 기도였다"

\- 토마스 왓슨

● "가장 위대한 유산은 기도를 물려주는 것이다" - 이블린 크리스텐슨

● "나는 오늘 해야 할 일이 많기 때문에 기도하는 시간을 갖기 위해서 한 시간 더 일찍 일어난다" - 마틴 루터

● "남을 위하여 기도하는 일은 그를 위해 베푼 어떤 선보다도 가치가 있다" - 마틴 루터

● "아침 기도는 은혜와 축복의 열쇠요, 저녁 기도는 안전과 보호의 자물쇠다" -죤 번연

● "많은 기도들이 응답받지 못하는 것은 우리가 너무 빨리 포기하기 때문이다"
 -조이 도우슨

● "기도는 하나님과 우리 사이의 끊없는 러브레타다" - 한홍 목사

● "신앙은 생각함으로 성장하는 것이 아니라 기노함으로 성장한다" -하용조 목사

● "기도는 축복의 씨앗에 물을 주는 것이다"
 - 강준민 목사

● "준비하고 기도하지 말고 기도하고 준비하라" - 김하중 장로

● "적은 기도가 큰 시험 이긴다"-마틴 루터

● "기도는 탕자를 성자로 만드는 힘이 있다"-이 엠 바운즈

● "기도하지 않고 성공했다면 성공한 그것 때문에 망한다" -스펄죤

● "기도는 신자의 유일한 무기다"-톰슨

● "하나님은 세상을 기도로 조성하신다" -이 엠 바운즈

● "기도하는 사람은 하나님 은혜를 담을 수 있을 만큼 마음이 넓어진다" -마더 테레사

● "기도하는 한 사람은 기도하지 않는 한 민족보다 강하다"-존 녹스

● "그대가 생명을 사랑하거든 기도를 사랑하라"-죤 낙스

- ●"기도는 어두움에서 하나님을 보는 거울이다"-힘펠
- ●"10년을 염려하는 것보다 차라리 10분간 기도하는 편이 훨씬 좋다."-스펄죤
- ●"기도는 '하는 것' 이다" - 최성규 목사

이 기도문으로 기도해서 응답받은 간증을 나누고 싶은 분은 간증을 아래에 적어주시면 여러분과 공유할 수 있습니다.
- ● 블로그 blog.daum.net/power11275
- ● 이메일 power11275@hanmail.net

망망한 바다 한가운데서 배 한 척이
침몰하게 되었습니다.
모두들 구명보트에 옮겨 탔지만
한 사람이 보이지 않았습니다.
절박한 표정으로 안절부절 못하던 성난 무리 앞에
급히 달려 나온 그 선원이
꼭 쥐고 있던 손바닥을 펴 보이며 말했습니다.
"모두들 나침반을 잊고 나왔기에 … "
분명, 나침반이 없었다면 그들은 끝없이 바다 위를
표류할 수밖에 없을 것입니다.

삶의 바다를 항해하는 모든 이들을 위하여
우리는 그 나침반의 역할을 하고 싶습니다.
우리를 구원하신 아름다운 주님을
21세기 문명의 이기(利器)를 통하여
널리 전하고 싶습니다.

우리 나침반 가족은
구원의 복음과 진리의 말씀을 전하며
당신의 믿음 성장과 삶을, 가정을, 증거를,
그리고 당신의 세계를 돕고 싶습니다.

그리스도 안에서
우리는 당신을 진실로 사랑합니다.

"하나님은 모든 사람이 구원을 받으며
진리를 아는 데 이르기를 원하시느니라."
(디모데전서 2장 4절)

아들아, 엄마가 미안해

가수 김장훈과, 엄마 김성애 목사가 지난 날
서로 받은 상처, 실수, 아픔, 기쁨을 쓴 것으로
모든 부모들과 자녀들에게 주는
화해/용서/비전을 위한 책!

김성애 지음
신국판 / 192쪽 / 값10,000원

대입을 앞둔 학생과 학부모에게!
교회학교 부흥을 원하는 목회자에게!

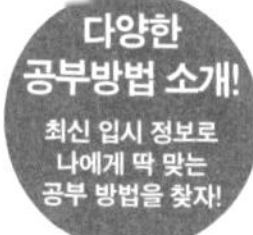

크딩들이여,
화이팅!

크리스천 학생들이여
교회생활 + 입시준비
다 잘 할 수 있습니다

SKY대에 합격한 평범한 학생 11명의
신앙생활과 공부비법 소개!

자녀를 위한 무릎 기도문

내 아이의 인생이 복을 누리는 길!!
365일 성경말씀과 함께
자녀를 축복하며 안수하십시오!

정요섭 지음
국반판 / 400쪽 / 값9,500원

자녀를 위한 무릎 기도문

자녀가 영혼과 범사가 잘 되고
영적 싸움에서 승리하도록 하는
30일 집중 기도문!

편집부 엮음
국반판/144쪽/값4,000원

가족을 위한 무릎 기도문

행복의 축복, 평안의 축복, 사랑의 축복, 형통의
축복이 삶에 나타나는 은혜를 누리게 하는
30일 집중 기도문!

편집부 엮음
국반판/144쪽/값4,000원

혀의 권세

당신의 미래, 운명을 좋게 바꿔주는 혀-
하나님이 약속하신 말씀을 믿고
당신의 것으로 주장하고
예언하는 법을 배우십시오!

톰 브라운 지음
신국판 / 200쪽 / 값9,000원

고통과 시련

일이 꼬이고, 까닭 모를 가난, 질병,
적대적 환경으로 고통 받고 있다면-
이 책의 메시지가 당신의 삶에 적용되면
당신의 삶을 형통하게 될 것이다!

레베카 브라운(Rebecca Brown) /
데니엘 요더(Daniel Yoder) 지음
신국판 / 240쪽 / 값10,000원

식통기도 직통응답

당신의 기도가 바로 응답되는 법을
제시한 책!

프란시스 가드너 헌터 지음
국판 / 224쪽 / 값9,000원

선포(명령)기도문

지은이 ｜ 김경란
발행인 ｜ 김용호
발행처 ｜ 나침반출판사

16판 발행 ｜ 2025년 7월 1일

등 록 ｜ 1980년 3월 18일 / 제 2-32호
주 소 ｜ 157-861 서울 강서구 염창동 240-21
　　　　블루나인 비즈니스센터 B동 1607호
전 화 ｜ 본　　사(02)2279-6321
　　　　영업부(031)932-3205
팩 스 ｜ 본　　사(02)2275-6003
　　　　영업부(031)932-3207

홈페이지 ｜ www.nabook.net
이 메 일 ｜ nabook365@hanmail.net

ISBN　978-89-318-1441-5
책번호　바-1030

값은 뒷표지에 있습니다.